다락방으로 떠난 소풍

다락방으로 떠난 소풍

김율도 시집

율도국

■ 서문

 한 때는 신비하고 애절한 시에 빠진 적이 있었다. 한 때는 과격한 현실 타파가 절실한 적도 있었다. 두 곳을 절충하고 새로움을 찾느라 시간이 많이 흘렀다.

 그리고 한 때는 신체의 못갖춤 마디의 굴레에서 벗어나지 못해 괴로워한 적이 있었다. 이 시집으로 그 굴레를 벗어딘진다.

 남과 다르다고 해서 기죽지 않고 버팅기며 살아 온 한 패러독스한 남자를 오래 생각하며 그를 뛰어넘으려 한다.

 예술가가 되기 힘든 나라에서 그래도 오랫동안, 아무도 알아주지 않는 예술가로 살아왔는데 이제 더 독한 예술가가 되려 한다.

 시만 쓰며 살고 싶었다. 하지만 세상은 시만 쓰며 살지 말라 한다. 소설도 가르치고 이름도 짓고 책도 만들고 돈도 벌라고 한다.

 그처럼 위대한 삶을 꿈꾸기만 하다가 죽을 것 같아서 꿈이라도 전파하고 싶었다.

■ 차례

율도전서 · 10
유년의 긴 방 · 11
일곱 살, 여름 · 12
걷기 연습 · 14
다락방으로 떠난 소풍 · 16
비를 맞고 자라는 사람은 시들지 않는다 · 18
잃어버려야 좋을 때가 있다 · 20
1984 오늘 · 21
창신동 낙산, 그 골고다 · 22
한국 시인학교 · 24
신설동의 가을 · 28
겨울 병원 · 30
고통과 아름다움은 산 위에 산다 · 32
캠퍼스에서 사라진 날 · 34
몸 아픈 사랑 · 35
친구의 애인 · 36
우리 은하계에 살며 · 38
이상한 선배 · 39
수족관 도서관 · 40
사랑의 게임 · 42
어머니는 노점상 · 44
가진 것 없는 행복 · 46

가을 왕국 · 48
반도 재활원 · 50
지하 도시 · 52
겨울 습작 · 54
흉내의 다른 말은 체험 · 55
미리 쓴 당선 소감 · 56
아무 잘못도 없다 · 58
용혈수를 아시나요 · 60
꿈, 자기소개서 · 61
실업자 율도 · 62
도시 기행 · 64
아침, 도시의 성자들 · 66
'시' 연구 · 68
성우 시험 · 70
참으로 아름다웠던 하루 · 72
살 것이냐 죽을 것이냐 · 73
무너져야 하리라 · 74
즐거운 멸망 · 76
청계천 아버지 · 78
컴퓨터 수리공 율도 · 80
물결이 움직여 우리 시간의 해안으로 온다 · 82
율도는 기인일까 아닐까 · 84
목수지만 나무 가구를 만들지 않는 사람을 아느뇨 · 86
움직이는 것을 사랑한다 · 87

겁많은 불나방 · 88
땅과 낙엽과 청소부 · 89
바퀴와 화병 · 90
개나리는 알고 있다 · 91
아무것도 모르는 아이가 되고 싶다 · 92
꽃으로 타오르는 계절 · 93
달무리 엄마 · 94
수술한 잎사귀 · 95
쓰레기는 없다 · 96
외로울 때는 빨래를 · 97
나를 아는가 · 98
입맞춤이 필요해 · 99
건널목에서 · 100
단군의 엄마와 카인의 엄마 · 101
꽃밭우산 · 102
슬픔의 냄새 · 103
스스로 꽃 · 104
율도국에 가고싶다 · 105

해설 / 김백겸 · 108

율도 전서傳書

이것은 율도가 전하는 노래라
노래는 나무를 낳고
나무는 땅에게 힘을 주었으니
나무는 서서 태어나 서서 죽는다
너희도 나무처럼 서서 죽어야 하리니
신비로운 투사처럼
용맹한 명상가처럼
제 몸에 칼로 동심원을 그으며
과녁을 향해 돌을 던져야 하리니

지금, 외롭고 슬픈 사람들은
슬픔의 끝에 가서 물어보아야 하리니
너를 불지르고 백지로 새로 시작하는 법을
나무는 제 머리에 집짓는 것을
아무나에게 허락하지 않는다
무화과는 가늘게 떨리는 열매의 힘으로
생의 가면을 뜯어내고 있느니
다윈은 오늘도 진화하여
변종을 만들어 멸망하지 않는다는 것
이것은 율도가 전하는 새로운 노래니
산둥반도 끝까지 전하라

유년의 긴 방

세상 끝 낭떠러지 절벽 위에서 살았다
소여물통처럼 긴 방
소여물처럼 푸석하고 축축한 날들
창문 달린 바나나같은 긴 방에서 살았다

방 안의 공기는 밖이 그리운지
바람을 불러 윗풍으로 불고
집 밖이 오히려 더 따뜻했다
거울에는 벽에 어는
얼음을 긁어내는 소리

밤이면 떨어진 흙을 다시 붙이며
벌레의 떨어진 다리도 붙여주고
낭떠러지 절벽 끝에서 하늘을 보았다
유성이 길게 꼬리를 내밀고
기차처럼 긴 방
칙칙 폭폭 눈은 쌓이고
고드름처럼 그리운 유년의 긴 방

일곱 살, 여름

얼마나 높은 곳에서 떨어져 깨져야 할지
얼마를 다시 일어나야 할지 모르는
서울 종로구 창신동 산 6번지에서
뽀얀 먼지를 뒤집어 썼다

걸어봐, 걸어봐 병신아
아이들이 함부로 머리 위에 흙을 뿌리고
물을 뿌려도
머리에서 꽃이 피어나지 않았더니
소독차 하얀 연기 속에서
맵게 억울해서 눈물만 날 때

남과 다르다는 것을 알게 되었더니
왜 이 세상엔 조롱받는 사람은 혼자이고
조롱하는 사람은 여럿인지
알지 못했다
그게 죄라면 아이들이 했던 것처럼
아이들의 머리 위에 물 한바가지를 끼얹고 싶었다
물이 아니라 석유라도

아이들은

병신, 벼엉신 하며 달아나고 있었더라
나는 엉엉 울며 손에는 짱돌을 집고 있었더라

걷기 연습

절뚝거리며 절뚝거리며
튼튼한 사람들 사이를
건전지가 닳아버린 로봇처럼
수척한 몸 이끌고 기우뚱 기우뚱

무릎이 활처럼 꺾어지고 허리가 쑤시더라도
무겁고 덜컹대는 신발을 벗고
뜨거운 대중탕으로 눕고 싶다

소아마비 앓은 전봇대 사이로
길을 걸으면 경사진 어깨로 빗물도 사선으로 내려
우산을 써도 한쪽 어깨가 흠뻑 젖곤 했다

손아귀에 잡히는
가느다란 다리는 누구의 속죄냐
차라리 나의 발에 못을 박아라

TV에서 기계인간 육백만불의 사나이를 본 날
아버지 수술하고 싶어요
수술하다가 다리를 잘라야 한다더라
괜찮아요 아버지 솔직히 말씀하세요 돈 때문이죠

마지막 말은 차마 토해내지 못하고
이불을 뒤집어 쓰고 울었노라

아직 가느다란 다리가 잘리지 않아
발가락 티눈의 아픔이 오히려 기쁜
나는 이 도시 어디든지 갈 수 있느니
걸을 때 확실히 드러나는 미친 실존
내가 걷는 이 길로 그만 길이 되어 누워버릴까
세상의 모든 절뚝이는 것들에 맞춰
땅이 장단 맞출 때까지

다락방으로 떠난 소풍

나무도시락에 김밥을 싸고
아이들은 동물원으로 소풍갈 때
나는 혼자 다락방으로 소풍갔다
몸이 불편하면 소풍 가지 않는 것을
국민교육헌장처럼 믿으며 다락방으로 올라갈 때

울던 귀뚜라미는 불청객을 위해
묵비권을 행사하고 곰팡이가 따스한 다락방에서
혼자 김밥을 먹는다
컥컥 목마르게 흩어진 만화책은 3번째 보는중
까무룩 잠이 든 얼굴에
이슬 한 방울 떨어질 때
보인다
가보지 않은 동물원의 동물들이
울부짖는 모습

아이들이 돌아오는 시간
보물찾기로 받은 선물을 자랑할 때
그 선물 빼앗아 숨기고 싶었다
상상으로 그린 그림이 뒷 칠판에 붙을 때
나는 자주 뒤를 돌아 보았고

가보지 않은 미래를 자주 상상했다

먹으면 별이 되는 상상이라는 보물은
그 후로도 오랫동안
하늘 끝까지 날아갔다

비를 맞고 자라는 사람은 시들지 않는다

학교 끝나고 갑자기 비가
비가 오는데 우산이 없네
엄마는 안 오고 우산이 없네

비를 맞고 천천히 걸어가네
풀어진 허리띠처럼
힘이 빠지고 넘어지지만
초등 6학년 때 사고처럼 찾아온
짝사랑만큼 힘겨운
책가방 들고
저기 골고다 산동네를 오르네

터벅터벅 눈물같은 빗물 온 몸으로 흘리고
엄지발가락 구멍 난 신발을 끄을고
젖은 국방색 책가방 드을고
집을 향해 절뚝거리네
젖은 책은 부풀어 퉁퉁 부은 몸으로
누워있는 엄마는 괜찮은지

아무도 걱정하지 않는데
온 몸으로 비가 오롯이 스며들고
오랫동안 젖은 길 걸어갈 동안
우산살같은 생각이 빗물로 꽂히네
비를 맞고 자라는 사람은
시들지 않는다

잃어버려야 좋을 때가 있다

언제부터인가
아버지가 깎아 준 세 번째 다리
나무지팡이를 짚고
다리를 엉겅퀴처럼
지팡이에 휘감아 걷다가

어느 날 지팡이는 도망가고
어찌할까
그냥 혼자 걷기로 했는데
신기하여라
지팡이 없이도
혼자 걸을 수 있다니

지팡이에 꽃이 피는
오오랜 시간이 지난 후
들려오는 벼락소리
가끔은 오히려
잃어버려야 더 좋을 때가 있다

1984 오늘

1984 새해 첫날부터
백남준의 굿모닝 미스터 오웰 비디오아트를 보고
학원 자율화 조치가 발표되자
나도 자율적으로 학교를 그만두고
아이들은 중간고사를 거부하고
국립대에 경찰이 투입되는 동안
쇼윈도의 마네킹은 속옷까지 벗고 서있고
집 밖에 나가는 순간부터 돌아가는 카메라

가을, 홍수로 190여명이 죽었다
교통사고처럼 담담한 죽음을
담담하게 전하는 세상
30년이 지나도 홍수는 나고
봄이 되어도 추웠다
오늘도 대통령은 외국으로 출타중이고
나는 세상에 평화를 주러온 것이 아니라
허물 벗은 뱀을 주러왔어
과거를 지배하는 자가 미래를 지배한다고 하지만
나는 과거가 곧 현재다
오늘은 여전히 1984

창신동 낙산, 그 골고다

골고다 언덕을 날마다
올랐다 날마다 해골처럼 둥근 골고다, 낙산을
오르며 십자가 높은 피뢰침으로
올라가 날마다 죽었다 살아났다

등하교길은 죽으러 가는 사람처럼 날마다
검은 옷을 해골 위에 걸고[1]
십자가보다 더 무거운 책가방 들고
산 꼭대기까지 넘어지고 깨지며

올랐다 팔벌려 아름답게 죽었던
긴 머리 그 사람처럼
내가 미워하고 사랑했던 애증의 남자처럼
십자가에 못 박히는 꿈을 꾸었다
어쩌면 그 때 발에 못 박히다가
다리가 뒤틀린 것은 아닐까

피해가고 싶었지만
피할 수 없었던 시간이

---

[1] 박종화의 '사의 찬미'에 나오는 구절

지금은 불룩한 혈관처럼 튼튼하매
더 이상 창신동 낙산, 그 골고다를
오르지 않을 때
알고 싶다
나는 이미 가혹한 벌을 받았으니
사람들에게 불을 던지면 용서될까

한국 시인학교

1교시. 도시락 까먹기

아침밥을 굶고 온 7시 30분
도시락을 까서 시를 먹는다
담임이 오기 전에 김치냄새를 없애야 하매
재빨리 창문을 열고 먼지를 먹는다
배불러 한동안 책상에 엎드려
아무에게도 피해를 주지 않았노라

2교시. 촛불의식

촛불 앞에서 연필을 깎고
모두 눈감고 시쓰기
잡념과 잡것들을 몰아낼 때는
촛불을 켜고 촛불을 켜고
졸다가 머리카락을 태워먹을지라도
시 앞에서 눈감으면 촛불이 수평으로 번진다
촛농을 팔뚝에 떨어뜨려 뜨거움을 맛보라
팔뚝을 데이는 일은 없을 것이다
둥글고 짜릿한 쾌감이 스쳐지나갈 것이매
거짓말이 고개 숙일지어다

3교시. 짜장면 집에서

백일장이 끝나면 늘 짜장을 먹곤 했지
검은 짜장 속에서 하얀 면발을 건져 올릴 때
금광 속에서 금을 캐내는 것 같았지
한국에 시인이 많은 이유는
짜장면을 먹을 때의 기분을
알기 때문이지
백일장이 끝나면 짜장면을 먹어야 하지

4교시. 우체국에서

우체국에 가면
잃어버린 사랑을 전할 수 있다
사람들이 가슴에 꽃을 달고 오지 않아도
빛바랜 엽서에
시를 써서 아는 사람에게 보낸다
그들도 엽서를 사서
시를 보내면 4교시 수업은 대성공

5교시. 노동으로 시쓰기

사람들은 저마다 다른 방법으로 시를 쓴다지
웨이터는 접시 나르며 시 나르고

청소부는 시쓸며 이미지를 닦고
시체 닦는 사람은 상징을 열심히 닦는데
고층 유리창 닦는 이는 너무 높은 은유가
유리창에서 떨어져 시를 완성하고
스턴트맨은 촬영현장에서 다쳐 시가 빛나고
보험 세일즈맨은 남의 사무실에서 거절 당하며
시가 단단해진다지
그대도 그대 있는 곳에서 부서지며
시를 맨드는 맨드라미다
시를 쓰는 쓰르라미다

6교시. 맥주집에서

이미 기분 좋게 얼굴이 단풍 들었지만
1차는 서정시
2차는 모더니즘
3차는 풍자시
양념이 잘되어 먹음직스러운
통닭이 날라져 올 때
시가 무척 아름답군
갈매기가 고깃배로 위에서 고기를 노리듯
무척 아름답군
그래, 끝까지 가보는 거야

7교시. 여관방에서

신문지를 찢으며 TV는 외국방송
보다가 포르노가 그리운
3류 에로물을 멍하니 보다가
지루한 뉴스, 저 근엄한 표정
내 눈에 카메라가 있다
뉴스가 NG나고
세상이 NG나도 누구 하나 책임질 사람 없는데
너희는 나를 누구라 생각하느냐
그런 말 하지 마세요 선배 사이비 같아요
말없이 등을 돌리고 돌아눕는
외로운 시인의 눈에 맑은 물이 고인다

8. 야간자율학습. 잠자기

하고싶은 것을 왜 피했나
후회하며 잠잔다

신설동의 가을

점성술사가 운명을 예언하기 전
나는 운명을 점쳤지
아무도 제 꿈을 이룰 사람은 없으리라
북두칠성에 삿대질하며 밤하늘에 소리 질렀지

고3이 되어도 한가한 우리는
발성연습을 했네
앞에 가는 사람은 도둑놈, 뒤에 가는 사람은 순경
경찰청 창살 외창살 청와대 창살 쌍창살

남쪽을 진압하고 돌아온
공수부대 출신 체육교사의
개짖는 소리와 구타 소리를 들으며
면벽을 하고, 가을 감기를 앓았다
정규 수업 후 짜장면 집에서 보충수업을 하기도

생활관에서 밤을 새고 난 새벽,
교회에서 기도하는 척 하고
수학, 영어 시간에도 잠을 잠며 꿈을 꾸었지

운명의 시간, 시를 낭독하기 전 심호흡을 하고,

조명 앞에서 눈을 감고 우리 생을 고발했지
시낭송이 끝나자 우는 녀석, 지켜보고
열 여덟살의 위장에 오늘은 소주 한 잔씩 붓자
남은 것은 엄청난 공허와 입원과 낙방이었지만
우리 생은 많이 남아 있으매

새 봄에는 다시 시작해야 할 것 같았더라
단어 암기나 수학 풀이로는 잘 보이지 않더라
서로의 마음 속에 도사린 음울한 산문,
노래로 개작하고
국화 향기 진저리나게 흩어질 때
우리도 흩어지면서
이 풍진 세상을 만났으니 너의 희망이 무엇이냐,
노래를 부르며

몇은 술을 배우러 떠나고
몇은 다시 시험 보는 법을 배우러 떠나고
몇은 소식조차 없지만
유난히 별빛은 우리 무대에 많이 내리고
목적지에 닿기 전 우리는 모두 죽고
우리의 분신分身들이 처음부터 다시
아름다웠던 시간들을 살지

겨울 병원

학력고사 1주일 전, 덩어리 피를 토하고, 병원에 실려갔다 밖엔 첫눈이 아득아득 내리고 첫 경험은 항상 나뭇가지에 쌓였던 눈이 떨어지는 것처럼 아픈 암각화다

이상도 폐결핵을 앓았다지 왜 한 덩어리의 선지피를 보았을 때 설레었을까 매콤한 피 냄새를 맡았으니 피가 정신임을 알았을까 그런 환타지에 관심 없는 사람들은 눈발 속으로, 지하도 속으로 사라졌다 가장 위험한 격전지를 통과했다는 사실을 모른 채 판박이 그림이 되고 뉴스가 흘러 나온다

대통령을 노린 아웅산 폭발 사고가 난지 41일째, 사고로 사람들 몇이 죽었습니다 겨울답게 눈이 오고 대설주의보가 발효 중입니다

독방에서 성에꽃을 긁어낸 후 낮잠을 잤다 몸 속으로 스미는 이 알약은 1년간 일용할 양식이고 주사약는 또 어떤 슬픈 성분을 숨기고 있을까 무엇을 먹을까 무엇을 입을까 걱정하지 않아도 될

까2)

등뼈가 휘어지도록 불꽃을 지피고 싶었노라 늦은 오후에 몇몇 방문객이 왔으나 꽃을 선물하는 사람이 흔하지 않은 것처럼 아름다운 것은 쉽게 구할 수 없듯

나는 피를 토했으니 피로 쓴 거야 친구들에게 관심 끌려고 떠벌렸으나 돌아온 건 싸늘한 웃음뿐 쓸쓸하고 적막한 도시에서 밀알처럼 땅에 떨어질까3)
다락방에 젖어있는 겨울 일기장을 덮고 모퉁이로 사라져간 구급차를 오래 바라보는 나는 빛의 끈으로 고요한 스칸디나비아 반도를 꿈꾸고 있었더라

---

2) 마태복음 6장 25절, 누가복음 12장 22절 참조
3) 요한복음 12장 24절 참조

고통과 아름다움은 산 위에 산다

그렇다
고통과 아름다움은 주로 산 위에 산다
남산타워를 똑바로 응시했던
창신동 산꼭대기 시민아파트
중세의 성처럼 늠름한 아파트는
끝내 사람 손으로 부서지고
나도 머리 둘 곳이 없구나
그래도 여태껏
시계노점 성희 아버지, 중동에 간 건주 아버지
떠나고 싶어도 떠날 수 없는 산 위의 벌집에서
엄마는 손가락을 찍어가며
몇 백 원 하는 머리카락 정리하는 일을 하고
온 식구가 손가락 다치며 몇 천 원짜리
잣을 까는 부업의 시간
때때로 바람이 집을 흔들었고
별빛 몇 개 흔들려
그냥 어둠이 될 때 산 하나가 날마다 솟고
산 하나가 날마다 무너지는데
지린내 나는 층마다 흘러나오는
아, 으악새 슬피 우니 가을인가요
늘 취해있는 401호 아저씨는 으악새만

불러들이고
서정적으로 헤엄치는 창신동 사람 나는
땀에 절어 소금밭 그려진 옷을 입고
낙산허리 옛 성터4)에서
삼거리 윷놀이판과 깡통돌리기를 뒤로 하고
윗풍 센 겨울 밤을 기도하듯 넘기는데
고통과 아름다움은 주로 산 위에서 산다

---

4) 창신동 중턱에 있는 명신초등학교 교가중 일부

캠퍼스에서 사라진 날

오후 다섯 시, 청소를 끝낸 텅 빈 강의실을 한 번 둘러 본다 세상도 이처럼 텅 비었을까 들었던 강의 썰물로만 밀려나고 세상사는 방법을 잊은 지 오래 방황도 사람마다 필요한 양이 다르다 비로 출발하지 않아도 강물이 되는 방법과 비로 출발했어도 지하수가 되는 방법과 먹는 물이 될 수 있는 방법이 다르듯

혼자 거리를 돌아다녔다 아무도 만나주지 않아 걷다보면 발이 부르트도록 걷다가 본다 피곤한 윤락가의 길, 버스가 서지 않는 폐쇄 정류장에서 사람들이 줄을 서 있는 모습, 집으로 돌아가는 한 개 뿐인 길이 언제 재운행 될까

밤길을 넘어지지 않으려고 벽을 더듬었다 벽은 지팡이다 벽을 따라 집까지 무사히 온 날 이후로 아무도 나를 찾아오지 않았다 아무도 나를 눈여겨 보지 않았다 아이가 되는 연습을 하고 가난을 연습하고 사막을 동경해도 아무도 나에게 뭐 하냐고 묻지 않았다

몸 아픈 사랑

몸이 아프다고 해서
사랑도 불완전한 사랑일까

꺾인 나무도
흙바람 불어도 나뭇가지로 노래 부르고
날개 다친 새들도 흰구름 속에서
사랑을 지저귈 수 있다

몸이 아프면 아픈 채로
아픈 몸과 아픈 마음이 만나면
새로운 하나 되어 생명이 태어나는데

마음을 다쳐도 좋다
다쳐도 다쳐도 다가오는 사랑아
꼿꼿이 아픈 몸 쳐들고 떠나리
몸이 아프다고 해서
사랑도 아프게 해야 한다고 누가 그랬냐고 외치며
사랑하러
너에게로 가까이 가려
길 떠난다

친구의 애인

해군 하사로 입대하는 친구에게 미안했다
녀석 꼭 죽으러 가는 녀석 같네
겁 먹지마, 탈영하지 말구
누구를 위해 싸운다기 보다
너를 위해 싸운다고 생각해
누구를 지킨다기보다 군함을 벗어날 수 없는
너를 생각해 슬프지 슬프잖아
수영 못하는 네가
잘가, 군대 밖 우리도 군인이야
사는 게 전쟁이라고 하잖아

친구의 애인에게 미안했다
커피 값을 늘 그녀가 냈다

잘 해 주세요, 그 친구 불쌍한 친구예요
알고 있어요, 불쌍한 사람은 우리 모두죠
그는 청자보다 솔5)을 더 좋아하죠 독한 맛을 보
며 인생을 독하게 산다나 쓰디쓴 연기 속에서 자
기를 발견한다나 인상 구기는게 멋이라고 생각하

---

5) 청자, 솔 : 1980년대 한국에서 팔던 담배이름.

죠 그는 스스로 군인이 되었지만 누군가 붙들어 줘야 해요 그게 바로 시같은, 마리아같은 그대죠 가장 약한 사람이 군인이죠
나도 마찬가지예요 한 때는 고상한 소설이 세상을 바꿀 수 있을거라 생각 했었죠 그러나 드라마 대본이 더 많은 사람을 바꿀 수 있다는 것을 알고 통속을 무시하지 않죠 그러나 요샌 동정녀인 그대가 세상에 충격을 줄 수 있다고 생각하니 그대에게 끌립니다

우리 은하계에 살며

어느덧 대기권에서 벗어나 지구를 내려다 보면
1985년 11월 25일, 양자리에서
7등성으로 나타난 핼리 혜성이나 기다리며 살던
나는 76년이 주기인, 태양계를 한 바퀴 돌아
2061년에 올 혜성을 생각하며 별자리를 읽는다

미국 대통령보다 더 지구를 걱정하는
눈이 시린 새벽, 금성을 모래알에서 찾아
전파를 쏘아올린다 아무도 내가
잠시나마 지구에서 살았다는 사실을 몰라도 좋다
별들이여, 긴 포물선으로 나를 위안하지 말라
내가 죽어서 몇 십만년 후 화석으로 남는다면
그것으로 만족할 일이다

흔들리며 숨쉬는 것 많은 이 천체에서
나는 물 몇 컵이고
칼슘, 탄소, 이런 것일 뿐인데
달나라에 못 가본 내가 할 수 있는 일이라곤
밤하늘의 별을 보며
별 나라같은 1인 국가를 세우는
꿈을 꾸는 일이다.

이상한 선배

1년 먼저 죄수가 된 재수생 선배가
찾아와 시를 읽어줄 때면
세상의 길은 오직 하나였다

새벽부터 도서관에 가서
고등학교 때 배운거 또 읽다가
쿨쿨 나오는 시를 받고 있으면 친구들이 떠오르고
이유 없이 그냥 불러내어 실패담을 퍼 마신다

그 선배처럼 주제 없는 연설을 몇 시간 하다 보면
나는 더욱 구겨지고
넓은 하늘 밑에서 비틀거리면
훔친 책이 붙잡아 준다
훔친 슬픔이 더욱 정겹고
1년 후 내가 다시
그 선배가 섰던 자리에 섰을 때
나 역시 이상한 선배가 되어 있었다
직업도 없이 기약도 없이
그래서 세상의 길은 많다

수족관 도서관

삼각형 모양의 동대문 수족관 도서관을
3년째 다니는 나는 양서류
컵라면 하나로는 배고픔을 달랠 수 없었다
삼립빵을 300원짜리 유부국물에 불려 베어 물 때
복병처럼 오싹함이 들이 닥칠 때, 마다
뜨거운 커피로 속을 데웠다

삼각형 수족관 안에는
여자 물고기, 남자 물고기
중고생 물고기, 대학생 물고기, 일반인 물고기들
소설 읽는 물고기, 법전보는 물고기들이 헤엄치고
나는 동화책을 보며 낙원을
도서관에서 시를 쓰며 그저 현재를
꿈꾼다 막연하다고?

눈이 오면 눈에 대하여
덧없는 일의 높낮이를 가늠하며
저녁 10시까지 창고에 암호같은 낙서를 쌓고
집에 오는 도중
어둠 속에서 누군가를 본다
누군가는 시로 말한다

나의 포유류야, 양서류 시절이 그립다고
돌아가지 말아라 바다를 두려워 마라
바다도 때로는 포근하다는 것을
고래가 폐로 숨을 쉬며 가르쳐 주고 있지 않니
너는 이미 사람이다
나는 너에게 바다를 주겠노라

사랑의 게임

그녀는 태어날 때부터 노란 머리에
거울처럼 비추는 눈동자를 가졌고
보조개가 패이는 사과얼굴을 가졌다

신설동 그 겨울의 '주원' 찻집에서 나오자
바람은 그녀의 몸을 과격하게 더듬는다
어머, 왜 이래요
사랑은 결국 쟁취하는거야
난 그런게 싫어요

본능에 충실한 아침
새들의 날개 속에 파묻힌 그녀의 입술은
노오란 귤껍질
폭발하는 7월부터 눈내리는 12월까지

검정고시 출신인 그녀는
특수교육과를 가고 싶다고 했다

23살 나는 떠벌인다
수학은 안 풀어, 미적분은 무엇에 쓰는 물건이야
영어는 망명해서 배우면 되고

생물은 너무 재밌어,
꼬리뼈의 흔적이 사람에게도 있지
가장 빠른 정자만 수정할 수 있대

도발적이고 울퉁불퉁한 건 싫어요
그녀를 놓치고 눈물 뿌린 날
시구詩句 하나 얻었으니
사랑은 결국 서로를 간직하는 것
하지만 생각은 나눠가질 수 없는 것

어머니는 노점상

단속반원들이 쫓으면
재빨리 보따리를 싸서 도망가고
미처 도망가지 못한 아동복이 길거리에
흩어지며 비명을 지른다

다 팔아도 하루 일용할 양식 밖에 안되는
작은 물건들은 애처롭게 웅크릴 때

이 거리는 성스러운 거리니
이 거리에서 장사하지 말라
세상의 높은 사람들이 모이니
이 거리에서 남루한 것은 용서 안 된다
완장 찬 로마 병정들은 호르라기를 불며
가난한 사람을 몰아내고 있느니

너희는 어찌하여 가난한 백성을
구제한다 하고
남들에게 보여주기 위한 거리를 지키고자
하루분의 호흡이 가쁜 사람을 내쫓느뇨

재물을 하늘에 쌓지는 못할지라도

땅에서 가난한 사람의 쪽박을 깨지 말지니
높아지려고 하는 자가 더 높아지는 세상이지만
이건 아니다 아니다
너도 큰 바다에 나가면 한낱 노점상이니
너희는 먼저 너의 백성을 구하라

어머니는 하늘에서
호통 치고 있느니
나는 가루가 된 어머니 몸을
항아리에 담아 쓰다듬고 있다

가진 것 없는 행복

비를 맞으며 맞이하며
걷는다 고개를 숙이고 무엇인가 찾으며
걷는다 가끔 고개를 들어 뭐라고 중얼거린다
유쾌하게 울면서 그 무엇을 기다린다
빗물에 가려 잘 보이지는 않지만

여자가 다가와 말하되
놀다 가세요, 잘해 드릴께요
난 이미 놀고 있어요 노는 것도 지겨워요
여자를 지나 철벅철벅 빗 속을
걷는다 우산 장사들이 마지막
사람들의 표정을 살피고

수술 자국 선명한 나뭇잎 위로 물방울이 떨어지고
상점들이 하나 둘 문을 닫을 때
그룹 회장이 다가와 말하되
좋은 대우를 해 줄테니 우리 회사에서 일하시오
듣는 둥 마는 둥, 골목을 도니

시인이 다가와 말하되
주점에서 시를 들려 드리겠소 나의 시는 약이오

처방을 내리고 구급약을 발라 주겠소
난 이미 시로 뒤범벅이 되어 정신을
못 차리고 있소 할 때
거지가 있으매

거지에게 말했다
나도 당신처럼 가난하게 해 주오
가난한 사람이 천국 간다면서요
거지 말하되
나는 가진 것은 없지만 가난하지 않다오 나는 가
난하지 않아 천국에 갈 수 없지만 행복하다오 어
쨌든 나는 가난하지 않다오

나는 눈물은 그쳤으나 얼굴엔 계속
물방울이 내리고 내리고

가을 왕국

나는 그 날 밤, 그림 한 폭을 들고
'섬'이라고 부르는 선학의 아뜨리에로 갔다
선학이 오래 전부터 자랑한 그림 한 점과
내가 쓴 시와 맞바꾸었다

제목이 '가을 왕국'인 선학의 그림을 보며
캔버스의 새까만 숲을 열고
손을 벌려 빗방울을 받아 마셨다
녹아드는 달빛이 으깨어져 떨어지고 잎사귀 속
거기 한 작은 사람이 있어
모든 사라지는 것들을 위하여 피리를 불고
아침을 기다리고 있었다

안개의 속삭임같은 새벽
구름은 낮은 곳으로 천천히 흘러가면서 손짓했다
별같은 이끼 내음, 풍겨올 듯 말 듯
창문이 삐이익, 열리고 있었다

하나씩 사라지는 들짐승의 울음들
짝을 찾는 식물들의 거친 호흡들
비단, 그것 뿐이였던가

박명薄明 속에서 무엇인가가 혁명을 일으켰다
바람 소리, 들국화 소리, 나무가 뒤집히고
꽃이 소리 질렀다

무덤 속처럼 아늑한 세상
거기 한 작은 사람이 있어 독백한다
바다의 문을 열고 고뇌를 한 뼘씩 잠재우자
갈매기는 밀물을 밟고 날아오르는데
빠졌던 곳으로 가면 다시 태어날 수 있겠지

그러나, 왕국의 몸이 안 보여
굽혀진 허리를 펴지 않기로 하는거야, 그렇지
그렇게 영원히
시서히 왕국의 문이 보이는 순간
화들짝 왕국을 마음 속에 품고,
검은 물감으로 캔버스를 문질러 버렸다

마음 속에 거대한 왕국을 하나 품은 나는
그 왕국의 왕이 되어
선학이 '비행선'이라고 부르는 방에서
음악 듣고, 그림 그리고, 시 쓰고
혁명을 연습하고 있다 가을에

반도 재활원

버스에서 내리자 바람이 절며 절며
기우뚱한 어깨를 짓눌렀다
휘청거려 더욱 대숲 소리나는 몸을 이끌고
언덕을 올랐다

스스로 살아가는 것이 일생 소원인
재활원 기숙사 앞 뜰
꽃잎이 뿌리가 되어 감겨들 때
아이들은 비둘기 되어 날고 싶거나
만국기가 되어 펄럭이고 싶어했다

혼자 살아갈 수 있니
나이 어린 바람이 반말로 물으면
아이들은 저희의 나무 다리를 흔들며,
다리가 4개니까 괜찮아~~요
병원 건물이 떨릴 정도로 소리 질렀다
보조금을 못 받았는지 원장은 어둡게 지나갔다

재활원에서 탁구나 농구는 오락이 아니다
지루한 시간을 달래는
원생들은 아무도 차지 않는 시계를 고치고

단종된 컴퓨터 자판을 두드렸다
여자에게 말을 건 아이는 따귀를 맞고 비틀거렸다

겨울, 아이들이 하나 둘
자립작업장으로, 고향으로 무작정 돌아갔다
남은 아이들은 남은 수업을 듣기 위해
크리스마스 이브까지 남아서 겨울바람으로 떨었다

서있기조차 힘든 아이들은
깊은 잠에 영원히 빠지기를 바랐다
나는 마지막 수업을 듣지 않고
언덕길을 내려왔다 교사에게 억울하게
왼쪽 뺨을 맞은 후 용서하고 결심했다
세상의 오른쪽 뺨을 시원하게 후려 갈기리라

버스를 타고
서울역, 종로로 접어들 동안
창 밖은 명랑한 간판들 울긋불긋 나 좀 보라는데
나는 종로에서 지하철로 갈아타고
집에 와 겨울잠을 자기 시작했다.

지하 도시

컴컴한 차고 안에서 살기 시작했을 때부터
더듬이가 생기고
귀가 밝아졌다

천적 생쥐가 나타났을 때
어둠의 옷을 벗고 싶었으나
고양이가 나타나 위로해 주었다
지하보다 더 컴컴한 차고에서
곧바로 2층으로 나와 천국을 본 이후부터
지하 도시에 사람이 이렇게 자연스럽게
사는 것이 신기했다

지하에 묻힌 동물들의 영혼에게
더 깊이 내려가라 했으나
자꾸 지상으로 올라오려 했다
그나마 반지하는
손수건만한 빛이라도 들어온다는 것을
알았는지
지하에서 살았던 모든 이들을 불러
반상회를 연다

새벽에는 새벽의 알싸함을 위하여
저녁에는 하루의 임종을 맞듯이
보이는 것은 믿지 않았다
보이지 않는 것도 믿지 않았다
다만 어둠만 믿었다
올라가지도 못하고 더 내려가지도 못하고
모래바람 부는 차고 안에서
40일 동안 금식하고 위령제를 열었다

겨울 습작

습작이 너무 길어지면 안되지만
10년까지는 할 수 있다고 생각했다
아무도 말리지 않았다
오랜만에 외출하여 햇빛 세례를 받으니
세상이 빙글빙글 돈다
아, 내가 어지럽다, 사람이 어지럽다
매운 가스를 마시며 살아가는 사람이 많아서인지
거리엔 매운 사람이 많았다
대한항공 KAL 기가 낙엽처럼 떨어지고
녹슨 스물 세 살의 나이를 닦아내기 위해
수없이 많은 날을 내 탓인 듯 배고프게 지냈다
어려운, 너무나 어려운 삶 앞에서 그만
무릎 꿇고 빌다가 지하실로 들어가
오늘도 밥 먹는 것이 습작이다
가시 속에 웅크린 밤이 되고
홀로 다니는 고양이가 되고
독설가가 되고 외톨이가 되어도
습작은 계획대로 10년만에
끝나지 않는다

흉내의 다른 말은 체험

10살, 절뚝절뚝 내 걸음걸이를
흉내 내는 아이들이 모기처럼 미웠다
미워서 화가 났다
때리고 싶었고 죽이고 싶었다
그것이 상처라고 생각했다
어른이 되어
휠체어를 타는 장애체험을 보면서
흉내 내는 거라고 생각하지 못했다
문득
체험과 흉내의 사이에서 왔다갔다 했다
다른 점이 무엇일까
10살 아이들은 체험을 하고 싶었구나
체험의 다른 말은 흉내구나
나를 흉내 냈던 천진무구 아이들은
나를 이해하려 했구나
내 걸음걸이를 흉내내는 천진무구를 보고
아프게 미소 짓는다

미리 쓴 당선 소감

1.
언어 유희는 관념 유희보다 재미있고 배신은 초지일관보다 달콤하다 이제 몇 년간 고뇌해야 할 것인가

2.
시는 첫키스처럼 떨리는 본능이고 임산부의 출산처럼 필연이다 시인이 된다는 것도 고무나무가 타이어를 꿈꾸듯, 지우개, 신발을 꿈꾸듯이 뱃 속에서 정해진 길이다

3.
나의 조국은 구름이다 국토도 없고 인구도 없고 주권도 없지만 땅과 하늘을 자유롭게 오간다 나의 모국어는 바람이다 조국이 나를 멀리 가라하네 떠나보니 알겠네 어디든 조국이라는 것을 나 다시 그립지 않지만 정해진 순서처럼 조국으로 돌아가네

4.
처음부터 배신을 꿈꾸진 않겠다 단지 멀리서 바

라보기를 즐길 뿐 한 때 모호한 상징을 즐겼으나 이제 암호 해독은 시시해 돈이 없을 때 세종대왕이 필요하다는 둥 가끔은 은유가 그리울 때 직유라도 불러내 놀다가 작은 이야기를 들고 샛강에서 큰 강으로 나가고 싶은 욕망 숨기지 않겠다 다시 돌아올 날을 남겨둔 채

5.
비가 오는 날엔 비가 와서 좋고 눈이 오는 날엔 눈이 와서 미끄럽다 상상은 나를 키우는 유기농 비료 앞으로의 미래가 미끄러울 것 같은데 비가 오면 물 마시고 폭설이 오면 핑계를 대고 일하지 않으리

6.
시는 애인 같은 것 안보면 보고 싶고 자꾸 보면 팽개치고 싶다 멀리 도망가면 그리워질까 의례적인 감사 인사를 한다고 감사하는 것이고 침묵한다고 감사하지 않는 것일까 의례적인 것들로부터도, 도망가리라 넘, 넘어서리라

아무 잘못도 없다

진눈개비가 내리는 진득한 거리
누군가 앞길을 막고 있다
커다란 투구를 쓴 로마병정

가방 좀 봅시다
아찔함이 어디서 오는 지 몰랐다
큰 잘못을 저지른 착각에 빠져 외쳤다
나는 아무 잘못이 없어
단지 안식일에 밀밭에서 밀을 먹었을 뿐
단지 율법이 정한대로 기도를 하지 않았을 뿐
단지 근엄한 연설문에 유머를 섞었을 뿐
단지 세상이 버린 창녀를 사랑했을 뿐
나는 내 규칙대로 세상을 살았을 뿐
법보다 사랑이 먼저였을 뿐

그들은 가방을 뒤지기 시작했다
책들이 무참하게 푸드덕 유린당했다
순간 눈에 번쩍, 불이 들어왔다
가방을 나꿔채 뛰었다
수십 명으로 불어난 병정들이 쫓아오고 있었다

가방에 불을 붙여 그들에게 던졌다
펑 펑 폭탄이 터지며 꽃가루가 날린다
하늘로 솟아오르는 투구들
미래를 약속하지 않고 지금 나는
끝까지 살아남아서 외치리
잘못이 없는 사람을 몰아세우면
누구나 투사가 된다

용혈수를 아시나요

줄기에서 붉은 피를 흘리는 나무
용혈수를 아시나요
얼마나 아픈 기억이 있길래
사람처럼 붉은 피를 흘릴까요
사람도 가끔은 너무 아프면
나무를 닮아 쏴쏴 파도 소리를 내기만 하지만

용혈수의 붉은 액체가 바이올린을
만드는데 쓰인다는 것을 알고 있나요
그가 흘린 피는 구석구석
도료가 되어 음악을 만들고
그 음악으로 온몸이 기쁘게 일어나는데

한 생애를 우산처럼
떠받들고 살아야 한다는 듯
우산모양으로 서서 피를 흘리는
용혈수를 아시나요
피 흘리며 사람에게 가까이 가기 위해
사람을 닮고싶은 용혈수는 사람의 미래예요

꿈, 자기소개서

꿈이 많아서 슬픈 짐승입니다
바람처럼 이것 저것 만지고 싶은 것만 많은데
앗 뜨거 손을 데기만 하고
아직 작은 꿈 하나 이룬 것 없습니다

꿈은 꿈 꿀 때만이 꿈입니다
5척 단신으로 태어났고
30살까지는 나를 위해 살고
그 후부터는 남을 위해 살고 싶었습니다
그러나 지금은 몇 안 되는
가족을 위해 살고 있는 것이
안타까울까요 뿌듯할까요
지도에 없는 당신의 작은 나라에
문지기라도 좋으니
거기에 취직시켜 주세요

그러나 나의 진짜 꿈은 아주 먼 곳에 있습니다
대통령에게 시를 가르쳐 보는 것
신에게 시를 가르쳐 보는 것

실업자 율도

한 때 실업자가 아닌 사람이
어디 있으랴
안정된 치기공사를 버리고 걷는
헌 운동화는
내가 타고 떠내려온 쪽배였고
내가 읽는 책은 나를 마춰시킨 마취제였고
성경책같은 침묵을 가진 나는
시인을 닮은 그냥 사람이었다

골덴 바지와 양복도
나를 닮아 잘 구겨졌고
나의 얼굴은 은박지여서
한 번 구겨지면 펴지지 않았다

잘 만들어진 원고지의 철책 안에서만
있고 싶어했고
호랑이처럼 울부짖으며 뒹굴다가
몇 일 씩 굶어도 죽지 않는 나의 영혼은
빛나지 않는, 그러나 오래 견디는
머리카락 같은 겨울 나무였다

어부를 꼬여 그도 실업자로 만들었지만
법무부 장관을 흔들어 3년간 사막으로 보냈지만
그들은 월급이 없어도 행복했다
아주 잠깐만

여전히 슬픈 걸음으로 걸어가는 나는
추운날, 종이 한 장으로 운다
잉여가 두려워
모두가 실업자를 꿈꾸는
이상한 나라에서

도시 기행

마지막 태양이 무뚝뚝하게
빈약한 가슴의 도심을 훔쳐보고 있다
꿀을 바른 허벅지들
태양을 향해 하이킥

길어진 그림자들은
제 몸을 애완견처럼 끌고
콘크리트 산성을 넘어가고
강물에 빠진 발목들은
새들의 안식처

도처에서 보도블럭이 파헤쳐지고
가랑잎처럼 누렇게 가면 쓴 사람들
봉숭아꽃 필 시기를 생각할 동안
유리창에 하늘의 공기를 닦는
고층빌딩 청소부들이
가장 위대하다

도시에서 시선 못 끄는 행동은 죄악
아프리카 원주민이 들어온걸까
몸에 구멍을 뚫어 쇠붙이를 달고 다니거나

풍요에 지치면 헐벗은 가난이 그리운걸까
아이들은 청바지를 찢어 입었다
모두 수도승으로 만들려는 것일까
여자들은 팬티만 입고 다녔다

마음을 울창하게 채우고 걷는 법을 찾는 동안
권태롭게 밀려온 도시 사람들이
문신을 새긴다
죽음을 기억하라

아침, 도시의 성자들

지하철에서 사우나 한다
지하철 안에서 사람들 틈에 끼여 땀을 흘리니 이름하여 때와 장소가 낯선 사우나 아침 8시, 창동역에서 충무로역까지 사람들은 둘 중 하나다 치한이거나 희생자다 나도 1인 2역으로 유리창에 얼굴 밀리며 간다

미아역, 사람들이 군대처럼 밀려온다
병정개미들은 강하다 나의 다리는 매달린 흔들 인형, 오직 손 힘으로 몇 십 분을 버텨야 한다 다른 사람도 끌려가는 소처럼 지옥을 견딘다 내 옆에 붙어선 젊은 여자의 탄력 있는 살이 내 하반신을 조인다 아, 나를 죽여라

미아 삼거리, 사람들은 푹신한 스폰지다
그런 몸을 가진 고행자다 막 구겨 넣어도 들어간다 사람들은 이제 파도다 하나 되어 출렁인다

내 앞의 키 큰 여자도 괴로우나 즐거우나 나를 밀어낸다 수많은 무리들이 나를 도와준다 그녀에게 붙어 서도록 밀고 있다

죄는 스스로 지을 수 없다
난 치한이 아니야 세상이 그렇게 만들었어 내 몸이 달아 오른다 내 배가 여자의 히프와 밀착됐고 뜨겁다 누가 볼 것 같다 그러나 지금은 모두 하나 된 순간, 같이 느끼고 같이 저지르는 공범의 시간, 고통이 지나치면 기쁨이 된다는 식상한 진리를 몸소 배우는 도시의 성자들, 여자가 인상을 쓴다 오르가즘일까 소리도 나지 않는다

고통과 수행을 거쳐야 성인이 되는데 평범한 스폰지를 성인으로 만드는 위대한 지하철이여 위대한 치한 제조 나라여

'시' 연구

"저 작자 시시한 작자야. 시를 쓴답시고 시답잖은 소리만 지껄이고.... 한 마디로 시시한 작자야."
어떤 여자 앞에서 나는 그만 얼굴을 돌려버리고 만다 시시각각으로 조여오는 깊은 벽 속에서 '시' 자로 시작하는 단어를 사전에서 찾아 적는다

시험(試驗), 시련(試鍊), 시민(市民), 시화전(詩畵展), 시(市), 시인(詩人), 시시콜콜, 시외전화

이 단어들로 나의 의지를 나타내는 문장을 만든다.

시험을 치는 심정으로 시련을 겪으며 나는 시민들을 위해 시화전을 열 것이다. 이 시에 살고 있는 모든 사람들을 위하여 밤은 새기 위해 있다는 어느 시인의 말과 같이 나는 이 밤을 새며 시시콜콜 아무 번호나 시외전화를 걸어 세상 이야기를 할 것이다.

나는 다시 그 여자를 만난다
나는 그 여자를 만나자마자 웃는다

'히히히' 웃지 않고, '시시시' 웃는다
"시간 없어요 빨리 말해요."
 여자의 성화에 못이겨 나는 다시 '시시시' 한 번 더 웃은 후 말한다
"시를 별로 좋아하지 않는군요. 시를 싫어하는 당신을 위해 시 한 수 지어드려도 될까요?"

 당신은 시린 손을 호호 불며
 발을 도옹동 구르다 보면
 세상은 온통 시로 가득차 있는 것을
 깊은 추위 속에서 느끼리라

성우 시험

얼굴은 숨기고 목소리로 말하는 것이 좋았다 내 속의 너무 많은 나를 꺼낼 수 있는 것을 찾고 있었다 초대 대통령 목소리가 특기인 나는 노인 목소리는 쉬울 거라 생각했다 수도꼭지를 오랜만에 틀었는지 녹슨 목소리가 나왔다

들으시오, 짐은 곧 하늘이오. 경들은 짐을 하늘로 받들어야 하오. 무조건 나를 따르시오. 뭉치면 살고 흩어지면 죽습네다

무분별한 개발로 천박한 목소리가 나왔다 앞에 선 키 큰 전봇대 같은 남자의 목소리는 좋았다

진정 천재적인 연기자는 세상이 가만 놔두지 않죠 천재는 누군가에게 살의를 일으키기 때문이죠

그를 죽이고 싶지는 않았다 어떤 장사꾼은 스튜디오를 시장바닥으로 만들었다

자, 골라 골라 골라, 2장에 천원, 골라 골라 골라 너무 많으면 고르기 힘든걸까 내가 세상을 골라

먹는 기쁨을 누리지 못하고 아무에게도 선택받지 못한 것이 나를 골랐다

1차 합격자 발표 날, 내 이름은 없었다. 실망은 얼마나 큰 혁명적 자극이냐 나는 젊은 연인 중 남자 목소리를 낼걸, 후회했다.

아가씨, 커피 대신 국산차 한 잔 하실래요? 내가 좋은 커피숍을 알고 있어요 귀천이라고

하늘로 돌아갈 날은 아직 멀었지만 얼굴을 숨기고 내 속의 너무 많은 나를 꺼내는 일은 그 후로 많을 것 같았다

참으로 아름다웠던 하루

언덕에 서서 수없이 굴러 떨어지는
흙더미 소리를 듣고 있었다
해가 굴러 떨어진다
노을을 보면 문명의 끝을 보는 것 같아
눈을 감아버린다 검은 동굴 속에서
한 마리 짐승이 오래 뒤채는 것이 보인다

눈을 떴을 때
하늘은 수 백 마리 양이 지나가고
붉은 노을이 빠른 걸음으로
하늘의 중심을 요란하게 말달린다
참으로 아름다운 저녁이군, 중얼거린다

언덕을 내려오는 동안 몇 명이 스쳐 지나간다
어째서 그들을 미행하고 싶었을까
풍만한 언덕이 아름답고
스쳐간 사람들이 아름답고 절망이 아름답다

그래, 참으로 나는 세상에 혼자 남아
이 거대한 세상을 블럭처럼 즐기는
주인이 된다

살 것이냐 죽을 것이냐

이것이 문제였다

어제 저녁 일기에 이렇게 썼다
아, 죽고 싶다

오늘 오후 일기에 이렇게 썼다
살아봐야겠다

내일 아침 일기엔 이렇게 쓰이겠지
나는 지금 죽은 것일까 산 것일까

그 후 나는
살아남아서 옛날 일을 회상하며 시를 쓰고 있다
훌륭한 죽음을 맞는 것을
삶의 목표로 삼으며

어떻게 죽을 것인가 생각하면
어떻게 살 것인가 떠오른다

무너져야 하리라

선배에게 돈을 빌린 후 갚지 못하고
하던 일은 망하고 내 무덤을 파고 있을 때
인생은 빚지고 사는 거라고 시를 쓸 때
집 잃은 불쌍한 집기를
거실 가득 쌓아놓고
불 꺼진 방에서 한없이 무너지고 있을 때
난데없는 성수대교 무너지는 소리
몸이 떨리느니
편도선이 부어 밥도 못 먹고
온 몸이 무너지고 있을 때
누가 하늘이 무너져도 솟아날 구멍이
있다고 했는가 붕괴는 기상예보가 아니다
영화 촬영인 듯 무너지는 거대한 건물
남의 일처럼 바라보다가
언젠가 그 건물에 갔었던 적 있었지
생각하면 언제 무너질지 모르는 이 나라, 세계
촌스런 분홍빛 백화점건물이 자욱하게 깔리고
미래의 고고학자는 발굴하며 말하리라
여기는 부유층이 살던 궁궐입니다
그들은 고도의 문화를 꽃피워
보석과 수백가지 생활도구들을 볼 수 있습니다

그러나 지금은 무너지는 시대
무너져야 하리라
동상과 방송국과 많은 꿈들과 허황된 건물들
무너져야 하리라
강요된 꿈들
강요된 아픔들
하늘 높이 치솟은 모래성은 무너져야 하리라
무너져야 할 것은 무너져야 하리라
그래야 다시 관심 갖는다
숭례문처럼

즐거운 멸망

그토록 기다렸던 멸망의 해 1999
공포의 노스트라다무스가 예언한 지구 멸망은
끝내 오지 않고
한반도 고등학교 수능 문제 예언자로
태어났다 사라진지라

최후의 날엔 모두 묵비권 행사하고
사람들은 또 다른 멸망의 날을 예약하기 바빴느니
최후의 날을 정해야만
지구를 청소할 것이기에

하늘에서 대마왕이 내려와 우리를 데려가리라
차라리 데려가거라

멸망을 꿈꾸는 자는 멸망하지 않는다
영생을 바라는 자는 영생하지 않는다

나는 한 때 얼마나 멸망을 꿈꾸었던가
세상이 멸망하면 고요한 시간 속에 행복을 묻고
무사태평이 불타버린 자리에서 가만히
해저를 꿈꾸었다

누가 세상은 물과 불로 망한다고 했던가
여기서 감히 예언하노니
세상은 세균으로 멸망하리라
세상은 풍요 속에서 멸망하리라

청계천 아버지

아버지는 배를 타고 청계천 푸른 물에 나가
청바지를 판다 아버지는
스무 살에 무작정 상경했다
복개공사를 한 청계천 변에서
리어커를 끌며
괴로워서 한 잔 즐거워서 한 잔
술 취하지 않고는 견딜 수 없는 세상이었다

썩은 물을 받아낸 청계천에서 50년을
아버지는 청계천이 다시 파헤쳐 질 때
아버지는 개복 수술로 배를 파헤치고
콩팥에 쌓인 돌을 꺼내고
막힌 통로를 뚫을 때까지도
청계천 맑은 물이 어디서 오는지 몰랐다

스무 살에 무작정 실업자가 된 나는
한 번도 아버지의 일터에 가보지 않았다
아버지처럼 살지 않을래요, 생각하며
아버지가 일하던 자리를 잃었을 때
처음 가 본 아무도 없는 황학동 벼룩시장

아버지 살아온 날 만큼의 돌을 몸에 쌓을지라도
이제는 세상을 잊기 위해
슬픔을 끌어와 누워만 있고
맑게 취해있는 시간이 많다
태어날 때부터 저주받지는 않았으리
물이 흘렀던 자리는 역시 물이 흘러야 하지만
목에 줄을 매고 강제로 끌면
이름만큼 맑은 물이 온 세상을 적실 날 언제일까
제각기 분주하게 꼼지락거리며 발버둥 치며
세상에서 흘러가야 할 것은 다 이곳에 모여라
노를 저어 한강까지 가보자
한강 따라 서해로 나가보자

컴퓨터 수리공 율도

고장난 컴퓨터를 만지는 순간,
아, 정전기
진정 무엇일까
지금 잠시 스쳐간 것은

아, 팔레스타인 사람들
그러나 나의 임무는 컴퓨터를 고치는 일
컴퓨터 진단결과는
치명적인 오류, 프로그램 충돌
나는 오류와 충돌을 잡으러 이 세상에 왔다

고쳐도 고쳐도 계속 밀려오는 고장난 것들
차라리 고치지 말까?
대패를 팽개치고 가출하고 반항하고
삐닥 했던 나사렛 예수처럼 외쳐볼까
회개하라, 제국에게 조공 바친 것 회개하라
그래도 파괴하기보다는 고치는 것이 낫다

막힌 기계 안에
어떻게 많은 먼지가 근심처럼 들어갔을까
말씀의 부품을 뜯어 다시 조립해야 하는데

아는가
작은 부품이 더 인내력이 강하다는 것을

바꿀 부품은 바꾸고
다시 설치 할 것은 설치하니
컴퓨터가 잘 돌아간다.
마지막 나사를 조이며 마음을 조인다
그래, 나의 일은 버리는 것보다 고치는 일

3만원입니다
하루 일당으로 세상의 한 구석을 고치고
이제 어느 바다에 가서 사람을 낚을까

다 고치고 주의사항을 일러준다
남이 등록한 자리를 차지하려고 욕심부리지 말 것
프로그램 설치 할 때는 방해되지 않도록
프로그램을 모두 닫을 것
컴퓨터는 반드시 순서대로 끌 것
부품충돌 났을 때는 자리 하나에 하나씩 다시
배치할 것

물결이 움직여 우리 시간의 해안으로 온다

죽는 일이 슬프다면 사는 일은 더
슬프다
신문에 작게 난 장애인 실직자가
낙엽 되어 떨어진 것이 더 이상
충격을 주진 않았다

횃불 시위와 그 옛날 임금
거대한 왕릉 속에 묻혀있을
그 임금과의 관계를 나는 잘 몰랐다

피
우리 몸 속에서도 흐르고 상처가 나면 몸 밖에서도 잘도 흘러가는 강물 같은 피는 거대한 힘을 가졌다
내가 사랑하고 미워하는 것들을 다 적시고도 남을 것 같다
반도, 전쟁, 배신, 욕망, 암투, 질투, 결투
그래도 적실 수 있는 것이 있기에 사는 것이 습기찬다.

사는 일이 괜찮다면 사랑하는 일은 더
괜찮다
세상은 이별하지 않아도 될 만한 것이 많고
아직 발견되지 못한 진리도 많았다

나는 신문 만화를 보고 웃지 않았다
어디서 예수의 오른뺨과 왼뺨을 치는 소리 들리고
자욱하게 성이 안쪽으로 무너지는 소리 들린다
머리가 어지러워요 당신도 어지러워요
눈에 보이지 않는 작은 것에 의해 세상은
멸망할지 몰라요

모르면서 살고 죽는 세상
내가 암살될 날이 언제인지 모르기에 행복했다

율도는 기인일까 아닐까

4지 선다형 문제풀이 연습은 금방 싫증났다
신문은 해외 토픽만 보고
집에만 있다가
세상을 구경하고 싶어 일주일에 한 번씩
종점에서 종점까지 왔다 갔다 했다
버스가 지나간 후에 손들고
차도로 지나갈 때는 손들지 않았다
돈이 없어도 쌀걱정을 하지 않았고
큰 잘못을 숨기고 작은 잘못만 고백했다
나는 길이요 진리요 생명이라고 말하지 않았다
나는 숲이요 자유요 햇빛이라고 말했다
스승은 있었지만 따라가지 않았다
김수영을 읽고 김수영을 버리고
김춘수를 읽고 김춘수를 버리고
새로운 시인이 나왔으면 싶었다 김춘영
화려한 장미보다는
가는 몸 하늘거리는 코스모스가 좋았다
예수를 닮는 것이 아니라
예수를 뛰어넘고 싶어했다
신흥종교를 만든다면
'예뛰교'라고 이름까지 짓고

산기슭을 어슬렁거리는 킬리만자로의
표범을 숭배하고
무너져 내린 화장실에서
황무지, 황무지, 황무지 라고 외쳤다
사랑하는 것에 다가가지 못하고
돌고 돌아 나이가 들어서야 안으려 했다
멀리 있는 아프리카 난민보다
매맞는 불쌍한 이웃의 아내를 더 사랑하고 싶었다
그림 그리고 글 쓰고 영업 뛰고
북 치고 장구 치고 다했다
제주도 너머 류큐 열도를 꿈꾸었다

목수지만 나무 가구를 만들지 않는 사람을 아느뇨

시인이지만
시는 안쓰고 포르노제작을 꿈꾸는 사람을 아느뇨
제목만 짓는 사람을 아느뇨
상품 이름만 짓는 사람을 아느뇨
제 속의 목소리에 귀를 기울이라는
평범한 진리를 실천하는 사람
대패대신
사람들 속으로 뛰어들어
기적을 택했던 그처럼
시대신 밥을 먹으며
시를 위장 속에 숨겨 놓았다
시가 배설되어 나올 때까지
무작정
네가 올 때까지 무작정
기다리면서
나는 시를 광고문처럼 쓴다

움직이는 것을 사랑한다

내 손을 떠나 팔랑거리는 나비를 사랑한다
언제 술잔으로 떨어질지 모르는
르네 마그리트의 거품 구름을 사랑한다
화장실에 갔다오고 나서 바뀐 생각을 사랑한다
손가락 걸고 약속했다가 한 달 후에
아무 관계 아니라고 하는 봄을 사랑한다
시작은 귀엽다고 했으나 끝은 무섭다고 하는
장마를 사랑한다
가을까지 함께 있겠다고 했다가 떠나는
뜨거움을 노래하는 매미를 사랑한다
낮에는 재미있다고 했다가
저녁에 소름 돋는다고 하는 입추를 사랑한다
온다고 했다가 오지 않는 철새를 사랑한다
갑자기 오늘 떠난다고 하는 하루살이를 사랑한다
사랑한다고 했다가
90일 후 증오한다고 말하는 그대를
사랑한다

겁많은 불나방

불나방은 몸 속에 불을 갖고 있다
불나방은 제 몸이 너무 뜨거워
몸보다 약한 불 속으로 들어가
몸을 식힌다

간혹 돌연변이 불나방도 있는 법
생각이 너무 많아서 쉽게 뛰어들지 못하는
겁많은 불나방은 상상만으로 산다
제 속에 불이 있는지 모르고
모험은 못하고 갈망만 한다.

다치는 게 두려워 날지 않는다면 평생
자기가 누구인지 모르고
몸 속에 화산이 있는지도 모르고
자신이 불나방인지 모를 때
날개에 묻은 금가루처럼 슬프다
자기가 평생 나방인 줄 알 때
내가 가르쳐 줄게
넌 불나방이야
한번쯤은 불을 확 질러야 불나방이 되는거야

땅과 낙엽과 청소부

땅은 가을을 기다렸다
버려진 것과 만날 수 있는 시간
낙엽 직전의 나뭇잎도
희망에 들떴다
넓은 가슴 속으로 안길 수 있기에

사람들은 낙엽을 밟으며
슬픔을 밟는지 몰랐다
자랑스러운 의무를 지닌
어떤 청소부는
낙엽을 쓸면서
많은 헤어짐 속에
찢어지는 인생이 있는지 몰랐다
그는 천년의 인연을
자기가 갈라놓은 줄 몰랐다

바퀴와 화병

달릴 때 신나는 바퀴는
멈추면 쓰러져 우울하다
그대는 바퀴인가

머리에 꽃 꽂고
가만히 사색이 즐거운 화병을
굴리면 자기 몸 깨며 눈물 흘린다
그대는 화병인가

모두 다 굴러갈 필요는 없는 법
모두 다 조용히 사색할 필요는 없는 법

구르는 게 편하면 바퀴가 될 일
생각하는 것이 좋으면 화병이 될 일

개나리는 알고 있다

아무리 추위도
개나리는 꽃필 시간이 되면
일어난다 4월도 중순,
봄인데 꽃 필 시간인데
지각한 꽃샘추위가 날카로워도
개나리는 알고 있다
지금은 뚫고 나가야하는 시간이라는 것을

신기하다
그 개나리를 보는 것은
마치 허리 잘린 꽃이 땅에 떨어져
미친 계절을 뚫고 허리 곧게 펴는 것 같다

3월보다 더 추운 4월에
사방 천지에 알리기 위해
개나리는 피어난다
올 것은 온다는 것을 알리기 위해

아무것도 모르는 아이가 되고 싶다

아무 것도 모르는
천진한 아이를 바라보고 있노라면
아무 것도 모르는 크레용이 되고 싶다

아무 것도 모르는 저 파스텔톤
아는 것을 지우는 지우개가 되고 싶다
꼭 천국에 가고 싶어서가 아니다

아무 것도 모르면서 오줌을 누고
아무 것도 모르면서 책을 찢고
아무 것도 모르면서 입맞추고

아무 것도 모르고
본능에 충실한 아이를 바라보고 있노라면
아무 것도 몰라 겁 없는
위험한 것을 만지며 산화하는
순진무구한 아이처럼 살고 싶다
부족한 어휘를 걱정할 필요없는

꽃으로 타오르는 계절

살고 나면
꾸러미에 쌓여 선착장에 놓이지만
꽃으로 타오르는 계절은 누구나에게 있다

살고 나면
터무니 없이 바람에 나는 겨자씨와 같지만
오늘 한 줄 읽겠다고 생각한다

살다보면
햇빛 속에서 타 죽기도 하고
이빨을 뽑히며 박제되기도 하지만
누드크로키 한 장 그리겠다고 생각한다

두려운 이유는 발 밑에 무엇이 있는지 몰라서니
고개를 숙여 발 밑의 압정을 찾아
불같은 꽃, 그 꽃으로 타올라
남은 것은 사진 몇 장, 책 몇 권, 시 몇 줄이지만
불살라야겠는걸
꽃이 되어 타오를 때까지

달무리 엄마

엄마는
잠자듯 죽고 싶다고 했다
반달같은 눈에서 물이 흘려내려
달무리가 졌다

축축한 안개가 병실 틈을 엿볼 때
폐에서 빠져나온 물이
저녁 하늘에
주홍빛 강을 만들었다

엄마는 행주처럼
구박받으며 산 것이
원통하다고 소리치다가
미소 지으며 조용히 잠이 들자
개기일식이 시작되었다

수술한 잎사귀

가지런한 수술자국 선명한
날씬한 잎사귀

자랑스럽게
잎맥마다 견뎌낸
핏줄

상처는 늘 정교하다

죽음 직전 영원한
암각화로 박히네

쓰레기는 없다

내가 못 입는 옷이
누군가에게 좋은 옷이 된다면
나에게 쓰레기인 오래된 신문지가
노숙자에게는 이불이다

집 안의 지렁이 죽이지 마라
너도 초대받지 않는 곳에 가면 지렁이다

언제부터 낙엽이 쓰레기가 되었나
땅에게 소중한 친구를 사람이 갈라놓고 있다

태어나는 위대한 것들에 경배
쓰레기는 없다
쓰레기라는 생각만 있을 뿐

앞으로 경고문은 이렇게 쓰라
이 곳에 쓰레기를 버리지 마시오
네 마음 속에 버리시오

바람 불어 외로울 때는 빨래를

혼자가 혼자임을 더욱 느껴
아주 외로울 때는
빨래를 하세요

아무도 반기는 이 없는
바람 불어 외로운 날엔
빨래를 하세요

땀방울이 그대의
외로움을 날려줄
그 쾌감은 노을처럼
말초신경을 빨갛게 물들게 할 거예요

누구에게도 전파 보낼 수
없을 때는
노래를 부르며
손빨래 손빨래

나를 아는가

내가 누구인지 말할 수 있는 자는 누구인가, 라고
누군가 말했지만
소크라테스는 너 자신을 알라, 고 말했다
그래, 지금은 나를 알아야 할 때

내 속에 내가 너무 많다면
가장 큰 소리를 내는 내가 나 자신이다
낡고 뒤쳐진 욕망일지라도
나를 움직이게 하는 소리에
귀가 커지는가

무엇이 되고 싶은가 보다
지금 무슨 소리가 들리는지
귀 기울여 소리를 적어볼까

가짜 욕망과 진짜 욕망을 알아야
아프지 않다고
더운 여름에도 검은 양복을 입은 저들
벗을 때도 됐는데

입맞춤이 필요해

입맞춤을 잊은 지 오래
그래서 땅 끝처럼 막막했구나
아지랑이와 공기의 입맞춤 보며
잊어버린 입맞춤이 피어오른다
배꼽을 맞추는 것보다 더 무아지경

살아있는 입술을 찾아야 하는데
배와 항구의 떨리는 입맞춤 보며
나도 떨며
하모니카에게 입맞춤할 뿐
술잔에게 입맞춤할 뿐

절벽에서 떨어지는 외로운 사람과
바다의 입맞춤 보며
이 세상 어딘가에 나의 입술이 필요한 입술이
있을텐데
그것을 찾는 것이 살아가는 이유

건널목에서

이 건널목을 건너는 것은
위험한 강을 건너가는 것
인공위성이 뜨고 1초 세계화 시대
동작 빠른 사람이 많아서
파란 신호등은 잠깐 살다 죽고
절뚝이는 걸음으로 삼분의 이 건넜을 때
신호등이 눈 깜빡이며 위협한다 더 빨리 가라고
넘어지기라도 한다면 큰일

어머니는 늘 조심하라고
차라리 육교로 다니라지만
육교는 계단이 두려우니
손으로 난간을 잡고
짐 올리듯 무거운 다리를 하나씩 끌어올려야 하니
빠른 세상은 내가 변해야 한다고 가르칠 때
조금 늦게 가라고 내 불완전한 다리가 가르치는데
파란 신호등에게 말하리
그렇게 계속 눈 깜박이며 의문을 품으라고

단군의 엄마와 카인의 엄마

단군의 엄마는 참기 참피언 곰
카인의 엄마는 귀가 얇아 뱀에게 넘어간 이브
둘이 만난다면

참는 자에게 복이 있어서 곰은 단군을 낳고
선악과를 따먹어서 이브는 낙원에서 추방되었지만
잘 참는 자와 호기심 많은 자가 싸우면
누가 이길까

미친 년, 참다 화병이 많아 미친 행동을 하는구나
미친 년, 하지 말라는 것을 해 살인자를 낳았구나

1866년 이브의 후예는 단군의 땅 앞바다까지
배를 끌고와 교역하자며 계속 옆구리 찌르고
단군의 자손은 계속 참기만 했는데
150년 후 미친 소 팔아먹는 후손들 앞에서
인내력 참피언 단군의 후손들은 참기만 하는데
참는 거 하나는 끝내주게 잘하는 단군의 자손이여
곰의 저력을 보여주어라
곰발바닥으로 한번 후려치거라

꽃밭우산

꽃이 우산 위로 올라와 꽃밭을 이루었다

꽃밭우산을 들고 다니는 여자
머리에도 노랗고 붉은
꽃머리띠를 하고
초봄, 진눈개비가 내리면
꽃자수를 놓은 청바지를 입고
어김없이 꽃밭우산을 3단으로 접어
가방에 넣고 나서네

꽃으로 둘러쌓인 그녀는
바로 너

나는
꽃밭우산 속에서 너에게 줄 꽃을 하나 따고있다
나는
꽃밭우산 속에서 너를 닮은 꽃을 하나 따고있다
나도 꽃밭 우산 속으로 들어가
너와 함께 꽃밭을 머리에 이고 걷고싶다

슬픔의 냄새

슬픔은 어떤 냄새일까?
노란 계란 냄새일까?
시큼한 오렌지 냄새일까?
뭐라 말할 수 없는 꽃냄새일까?

슬픔은
이슬을 머금은 이끼 냄새일것 같다
겨자냄새가 밴
물냄새

스스로 꽃

내가 그의 이름을 불러 주기 전에도
그는 하나의 꽃이었다

내가 그의 이름을 불러 주었을 때
그는 왜 부르느냐고 물었다

그가 왜 부르냐고 물어본 것처럼
나의 이 빛깔과 향기香氣에 대해
의문을 품고 탐험을 해 다오
어딘가에서 나 스스로
그냥 꽃이 되고 싶다

우리들은 모두
무엇이 되고 싶다
누구에게도 아닌 나 스스로
잊혀지지 않는 하나의 다리로
꼿꼿이 선 해바라기가 되고싶다

율도국에 가고싶다

1
대통령을 서로 양보하는 나라
대통령은 무보수이고 일생 중 절반을
자원 봉사해야 대통령에 출마할 수 있는 나라
정치인들은 누가 누가 시를 더 잘쓰나
싸우는 나라
사법시험이 시 창작인 나라
그런 나라에 가고싶다

2
학교는 10년만 다니는 나라
돈 받고 학교에 다니는 나라
꼭 필요한 것만 골라서 빨리 배우고
빨리 졸업해서 하고싶은 일을 일하거나
취미를 즐길 수 있는 나라
공부 때문에 육체를 억압하지 않고
자연과 함께 자연스럽게 사는 나라
그런 나라에 가고싶다

3
금연구역 만드는 것보다는 담배를

아예 만들지 않는 나라
회개하기 전에 먼저 죄를 짓지 않는 나라
환경오염 사법은 평생을
환경 운동하도록 벌을 주는 나라
절도범은 평생을 도둑 잡는 벌을 주는 나라
살인범은 평생을 죽어가는 사람 간병하게 하는
나라 그런 나라에 가고싶다

4
교통사고보다 사랑의 실연으로 죽는 사람이
더 많은 나라 사랑의 환희로 죽는 사람이
더 많은 나라 사랑에 죽고 사랑에 사는 나라
육체적인 사랑을 정신적인 사랑만큼
숭고하게 생각하는 나라
그런 나라에 가고싶다

5
오늘 하루 안녕하냐고 인사하지 않고
오늘은 어떤 행복한 일이 있었냐고 인사하는 나라
1가구 1꽃밭 소유를 권장하는 나라
배부른 돼지보다 배고픈 소크라테스가 되라,가
국시인 나라
하루 종일 자연 속에서 노는 나라
그런 나라 율도국에 가고싶다

■ 해설

망원望遠과 현미顯微로 들여다 본 인생의 퀼트quilt

김백겸(시인, 웹진 『시인광장』 주간)

　시집 『다락방으로 떠난 소풍』에는 육체의 장애가 사회적인 제약으로 이어지는 과정과 이를 극복하기 위한 시인의 투쟁과 고뇌에 찬 시들이 보인다. 필자는 시인의 이러한 아픔이 개인의 운명이 아닌 사회적인 구조의 문제라는 것과 인간의 부족함과 열등의 근원에 대해서 생각해 보게 되었다. 김율도 시인의 시편들과 함께 이런 문제들을 고민해 보기로 한다.

환경의 억압

얼마나 높은 곳에서 떨어져 깨져야 할지
얼마를 다시 일어나야 할지 모르는
서울 종로구 창신동 산 6번지에서
뽀얀 먼지를 뒤집어 썼다

걸어봐, 걸어봐 병신아
아이들이 함부로 머리 위에 흙을 뿌리고
물을 뿌려도
머리에서 꽃이 피어나지 않았더니
소독차 하얀 연기 속에서
맵게 억울해서 눈물만 날 때

남과 다르다는 것을 알게 되었더니
왜 이 세상엔 조롱받는 사람은 혼자이고
조롱하는 사람은 여럿인지
알지 못했다
그게 죄라면 아이들이 했던 것처럼
아이들의 머리 위에 물 한바가지를 끼얹고 싶었다
물이 아니라 석유라도

아이들은

병신, 벼엉신 하며 달아나고 있었더라
나는 엉엉 울며 손에는 짱돌을 집고 있었더라

(시 「일곱 살, 여름」 전문)

 시 「일곱 살, 여름」에서 김율도 시인은 단순히 육체적인 모습이 다르다는 이유로 아이들의 놀림과 공격을 받는다. 화자는 "남과 다르다는 것을 알게 되었더니 / 왜 이 세상엔 조롱받는 사람은 혼자이고 / 조롱하는 사람은 여럿인지 / 알지 못했다"고 말한다. 다수가 소수를 억압하는 사회구조는 김율도 시인의 개인사만이 아니다. 억압의 역사는 중국의 소수민족인 티베트가 처한 상황이나 러시아와 일본 내의 한국 교포들, 과거의 여자들이 가부장의 권력에 희생된 역사까지 거슬러 간다.
 인간은 타자에 대한 우월과 경쟁의식으로 무장하며 집단의 무리 속에 안전을 확보하려는 공격본능이 있다. 홉즈는 만인에 대한 만인의 투쟁이라는 성악설로 인간사회는 법에 의한 계약사회로 질서를 이루고 산다고 보았다. 문명화란 인간의 수성獸性과 공격성을 법이라는 문화질서로 통제해야 한다고 본 경우이다. 반대로 종교는 인간 내부의 신성을 깨우쳐 타자를 사랑함으로써 인간의 유한함이 가져오는 원죄와 부자유로부터 구원이나 자유를 획득할 것을 가르친다. 방법만 다를 뿐, 인간성의 고양이란 타자에 대한 배려와 사랑으로 생명 존재의 고귀함을 인식하고 이를 실천하는 일이다. 인류의 4대 문명이 도시를 세우고 인구 밀집을 이루자 전쟁의 규모가 커지고 인간 내면의 이기심과 공격성이 공동체를 위협하는 수준도 올라간다. 법과 윤리종교의 가르침은 더욱 정교해지고 지금 우리가 누리는 복잡한 문화질서의 모태가 된다.

그렇다면 김율도 시인의 아픔은 인간 질서의 교육과 문화가 고도화된 문화를 이루지 못한 탓에 기인한다. 이런 아픔이 드러난 시 한편을 다시 들여다보자

소외구조

나무도시락에 김밥을 싸고
아이들은 동물원으로 소풍갈 때
나는 혼자 다락방으로 소풍갔다
몸이 불편하면 소풍 가지 않는 것을
국민교육헌장처럼 믿으며 다락방으로 올라갈 때

울던 귀뚜라미는 불청객을 위해
묵비권을 행사하고 곰팡이가 따스한 다락방에서
혼자 김밥을 먹는다
컥컥 목마르게 흩어진 만화책은 3번째 보는중
까무룩 잠이 든 얼굴에
이슬 한 방울 떨어질 때
보인다
가보지 않은 동물원의 동물들이
울부짖는 모습

아이들이 돌아오는 시간
보물찾기로 받은 선물을 자랑할 때
그 선물 빼앗아 숨기고 싶었다
내가 상상으로 그린 그림이 뒷 칠판에 붙을 때
나는 자주 뒤를 돌아 보았고
가보지 않은 미래를 자주 상상했다

먹으면 별이 되는 상상이라는 보물은
그 후로도 오랫동안
하늘 끝까지 날아갔다

(시 「다락방으로 떠난 소풍」 전문)

김율도 시인은 시「다락방으로 떠난 소풍」에서 "몸이 불편하면 소풍 가지 않는 것을 / 국민교육헌장처럼 믿으며 다락방으로 올라갈 때"라는 표현을 하고 있다. 이러한 표현은 국민교육헌장에 표현된 국민의 교육권이 모든 사람에게 이루어지지 않고 있다는 저항의식에서 표현이다. 과거의 '국민교육헌장'에는 '공익과 질서를 앞세우며 능률과 실질을 숭상하고, 경애와 신의에 뿌리박은 상부상조의 전통을 이어받아, 명랑하고 따듯한 협동정신을 북돋운다'라는 표현이 있다. 화자는 약자와 장애인을 차별하는 사회풍토가 당시 독재정권에서 헌법처럼 수호된 국민교육헌장의 이념을 실천하지 못하고 있음을 풍자한다.

 논어에서 공자는 정치를 묻는 제자 자로에게 '반드시 명분名分을 바로 잡겠다'고 한다. 자로는 '선생님의 생각은 너무 우원합니다. 왜 명분을 먼저 바로잡고자 하십니까?' 하고 묻는 대목이 나온다. 공자는 이에 대해 '너는 참 어리석구나. 명분이 바로서지 않으면 말이 순조롭게 전달되지 못하고, 모든 일이 성취되지 못하면 예악禮樂(사회질서)의 기능이 흥성하지 못하고, 예악이 흥성하지 못하면 형벌이 공평하지 못하게 되고, 형벌이 적중的中하지 못하면 백성들이 처신할 바를 모르게 된다'라고 탄식한다. 사회는 명분과 실제가 같은 균형으로 이루어져야 함을 역설한 것이다. 인간사회가 휴머니즘에 의한 '명랑하고 따듯한 협동정신'이 이루어져야 함을 이천년 전의 공자는 말한다.

시 「다락방으로 떠난 소풍」이 말하는 화자의 소외와 고통은 사실은 인간 모두의 고통이다. 일찍이 이런 세상을 향해 예수는 '네 이웃에 대한 사랑'을 석가는 '연민과 자비'를 처방했다. 그러나 인간사회의 이기심 때문에 '대동大同'의 세상이 이루어지지 않는다. 화자는 외로움과 고통을 마지막 연의 시적 표현으로 승화시키고 있다. "먹으면 별이 되는 상상이라는 보물은 / 그 후로도 오랫동안 / 하늘 끝까지 날아갔다"고. '먹으면 별이 되는 상상이라는 보물'이 뛰어난 표현이다. 지금까지 어떤 시에서도 이런 표현을 본적이 없다. 아마도 김 시인의 개인사의 체험에 의한 표현이 이런 표현까지 이르게 한 것으로 생각된다.

폐결핵

학력고사 1주일 전, 덩어리 피를 토하고, 병원에 실려갔다 밖엔 첫눈이 아득아득 내리고

첫경험은 항상 나뭇가지에 쌓였던 눈이 떨어지는 것처럼 아픈 암각화다

이상도 폐결핵을 앓았다지 왜 한 덩어리의 선지피를 보았을 때 설레었을까 매콤한 피냄새를 맡았으니 피가 정신임을 알았을까 그런 환타지에 관심없는 사람들은 눈발 속으로, 지하도 속으로 사라졌다 가장 위험한 격전지를 통과했다는 사실을 모른 채 판박이 그림이 되고 뉴스가 흘러 나온다

대통령을 노린 아웅산 폭발 사고가 난지 41일째, 사고로 사람들 몇이 죽었습니다 겨울답게 눈이 오고 대설주의보가 발효 중입니다

독방에서 성에꽃을 긁어낸 후 낮잠을 잤다 몸 속으로 스미는 이 알약은 1년간 일용할 양식이고 주사약은 또 어떤 슬픈 성분을 숨기고 있을까 무엇을 먹을까 무엇을 입을까 걱정하지 않아도 될까[6]

등뼈가 휘어지도록 불꽃을 지피고 싶었노라 늦은 오후에 몇몇 방문객이 왔으나 꽃을 선물

---

[6] 마태복음 6장 25절, 누가복음 12장 22절 참조

하는 사람이 흔하지 않은 것처럼 아름다운 것
은 쉽게 구할 수 없듯

　나는 피를 토했으니 피로 쓴 거야 친구들에
게 관심 끌려고 떠벌렸으나 돌아온 건 싸늘한
웃음뿐 쓸쓸하고 적막한 도시에서 밀알처럼
땅에 떨어질까[7]
　다락방에 젖어있는 겨울 일기장을 덮고 모퉁
이로 사라져간 구급차를 오래 바라보는 나는
빛의 끈으로 고요한 스칸디나비아 반도를 꿈
꾸고 있었더라

　(시 「겨울 병원」 전문)

　김율도 시인의 신체적인 제약은 더불어 폐결핵
까지 앓는 지경에까지 이른다, 위 시는 김 시인이
왜 세상으로부터 격리되고 정신의 위기를 느끼며
시의 길로 접어들게 했을까 하는 단서를 제공한
다. 폐결핵은 이상李相을 비롯한 많은 예술가들이
앓은 병이다. 만성 소모증의 이 병을 앓는 사람들
은 육체의 위기와 더불어 정신의 이상 긴장과 감
각의 예민함을 느낀다고 보고되어 있다. 몸의 위

---
[7] 요한복음 12장 24절 참조

기를 느낀 육체는 남은 에너지를 성욕의 항진을 통해 자손을 남기고자 하는 전략을 쓴다. 이 병에 걸린 예술가들은 이상 성욕과 함께 마지막 불꽃을 태우는 촛불처럼 종종 정신의 비약에 의한 창작을 한다. 이상과 김유정과 나도향의 케이스가 요절한 천재 작가의 명성을 얻었다.

김율도 시인에게도 이런 상황은 매우 위기였음이 틀림없다. 자신이 죽을지도 모른다는 위기 상황은 다음과 같은 구절로 이어진다. "왜 한 덩어리의 선지피를 보았을 때 설레었을까 매콤한 피 냄새를 맡았으니 피가 정신임을 알았을까". 이 구절의 '피가 정신'이라는 표현이 좋아 보인다. 서양 문화는 생명의 혼이 피에 있다고 보아 피를 먹는 것을 금기시 하고 있다. 동양의학도 몸의 정수가 피와 정액에 있다고 보고 양생법은 혈액血液과 정기精氣의 영위營衛를 강조한다. 이런 배경으로 시 「겨울 병원」을 이해하면 왜 이 시가 독자들에게 이야기와 더불어 긴장을 부여하는지 알 수 있다.

"등뼈가 휘어지도록 불꽃을 지피고 싶었노라 늦은 오후에 몇몇 방문객이 왔으나 꽃을 선물하는 사람이 흔하지 않은 것처럼 아름다운 것은 쉽게 구할 수 없듯 // 나는 피를 토했으니"라는 구절은 피가 정신이면서 동시에 "피로 쓴" 시라는 화자의 생각에 의한다. 정신의 위기는 정신의 병을 앓는 무당처럼 세상을 다르게 보게 한다. 넓게 생각하면 이런 과정은 김율도 시인이 되도록 하는 운명의 프로세스이다. 인과론에 의하면 모두 현상이 저절로 일어나는 경우는 없다. 우리가 지식의 한계로 우연이라 파악한 현상도 사실은 '우연의 가면을 쓴 필연의 얼굴'이라는 생각이 있다.

꿈의 치유

꿈이 많아서 슬픈 짐승입니다
바람처럼 이것 저것 만지고 싶은 것만 많은데
앗 뜨거 손을 데기만 하고
아직 작은 꿈 하나 이룬 것 없습니다

꿈은 꿈 꿀 때만이 꿈입니다
5척 단신으로 태어났고
30살까지는 나를 위해 살고
그 후부터는 남을 위해 살고 싶었습니다
그러나 지금은 몇 식구 안 되는
가족을 위해 살고 있는 것이
안타까울까요 뿌듯할까요

지도에 없는 당신의 작은 나라에
문지기라도 좋으니
거기에 취직시켜 주세요

그러나 나의 진짜 꿈은 아주 먼 곳에 있습니다
대통령에게 시를 가르쳐 보는 것
신에게 시를 가르쳐 보는 것

(시 「꿈, 자기소개서」 전문)

  작가는 현실에서 얻지 못한 영토를 자신의 작품에서 얻는 사람이다. 무인武人인 현실가들은 현실에서 부와 권력과 여자를 얻는다. 문인文人인 작가는 글의 상상 속에서 자신의 영토를 세운다. 그러기에 그의 세계는 환몽幻夢이다. 일찍이 예이츠는 시 「하늘의 옷 the cloth of heaven」에서 '가난한 내가 가진 건 꿈 밖에 없다네 / 나는 당신의 발아래 내 꿈을 펼쳤네 / 사뿐히 밟기를, 당신은 내 꿈을 밟는 것이니까'라고 노래했다. 이런 환몽이 현실을 이길 때 그의 작품은 정신사에서 불멸의 힘을 얻고 노벨상을 수상하는 대작가가 된다.
  김율도 시인은 '꿈이 많아서 슬픈 짐승입니다 /

바람처럼 이것 저것 만지고 싶은 것만 많은데 / 앗 뜨거 손을 데기만 하고 / 아직 작은 꿈 하나 이룬 것 없습니다'라고 등용문을 지나지 못한 이 무기로서의 처지를 말한다. 김 시인이 꿈꾸는 세계는 '지도에 없는 당신의 작은 나라에 문지기라도 좋으니 / 거기에 취직시켜 주세요'라고 말하는 세계인데 아마도 시의 유토피아를 말하는 것으로 생각된다. 마지막 연이 '나의 진짜 꿈은 아주 먼 곳에 있습니다 / 대통령에게 시를 가르쳐 보는 것 / 신에게 시를 가르쳐 보는 것'이라고 말하고 있으니.

'위대한 이야기는 상처받은 영혼을 치료한다'는 격언이 있는 것처럼 꿈은 현실을 치료한다. 문학과 종교와 예술의 주요기능이다. 인간은 현실에서 얻지 못하는 불가능의 세계를 꿈과 상상의 세계로 위로 받는다. 『아라비안나이트』는 열사의 사막에서 고통스런 하루를 보낸 대상들이 밤의 휴식시간 낮의 현실에서 얻지 못한 보물과 권력과 미녀를 얻는 백일몽의 이야기들이다. 이 위대한 환상에 의지해 그들은 목숨을 위협하는 척박한 삶을 이겨내고 자손을 남기고 그들의 이야기를 남겼다.

시 공부

1. 언어유희는 관념 유희보다 재미있고 배신은 초지일관보다 달콤하다 이제 몇 년간 고뇌해야 할 것인가

2. 시는 첫 키스처럼 떨리는 본능이고 임산부의 출산처럼 필연이다 시인이 된다는 것도 고무나무가 타이어를 꿈꾸듯, 지우개, 신발을 꿈꾸듯이 뱃속에서 정해진 길이다

3. 나의 조국은 구름이다 국토도 없고 인구도 없고 주권도 없지만 땅과 하늘을 자유롭게 오간다 나의 모국어는 바람이다 조국이 나를 멀리 가라 하네 떠나보니 알겠네 어디든 조국이라는 것을 나 다시 그립지 않지만 정해진 순서처럼 조국으로 돌아가네

4. 처음부터 배신을 꿈꾸진 않겠다 단지 멀리서 바라보기를 즐길 뿐 한 때 모호한 상징을 즐겼으나 이제 암호 해독은 시시해 돈이 없을 때 세종대왕이 필요하다는 둥 가끔은 은유가 그리울 때 직유라도 불러내 놀다가 작은 이야기를 들고 샛강에서 큰 강으로 나가고 싶은 욕망 숨기지 않겠

다 다시 돌아올 날을 남겨둔 채

5. 비가 오는 날엔 비가 와서 좋고 눈이 오는 날엔 눈이 와서 미끄럽다 상상은 나를 키우는 유기농 비료 앞으로의 미래가 미끄러울 것 같은데 비가 오면 물 마시고 폭설이 오면 핑계를 대고 일하지 않으리

6. 시는 애인 같은 것 안보면 보고 싶고 자꾸 보면 팽개치고 싶다 멀리 도망가면 그리워질까 의례적인 감사 인사를 한다고 감사하는 것이고 침묵한다고 감사하지 않는 것일까 의례적인 것들로부터도 도, 도망가리라 넘, 넘어서리라

(시 「미리 쓴 당선소감」 전문)

 문청시절에는 누구나 신춘문예를 통해 화려하게 세상에 자신이 시인임을 알리고 싶어한다. 김율도 시인은 시인이 되고자 하는 열망에서 미리 쓴 당선소감을 시로 만들었다. 당선소감은 대개 당선작품에 못지않은 문학적 긴장을 드러낸다. 이런 사유로 「미리 쓴 당선소감」은 시인의 의지에 의해 시로 발표되었고 한편의 시로 부족함이 없어 보인

다.

 "2. 시는 첫 키스처럼 떨리는 본능이고 임산부의 출산처럼 필연이다 시인이 된다는 것도 고무나무가 타이어를 꿈꾸듯, 지우개, 신발을 꿈꾸듯이 뱃속에서 정해진 길이다"라는 표현이 「미리 쓴 당선소감」의 핵심이다. 시인이란 스스로 쓰는 사람이 아니라 뮤즈의 선택을 받아 적는 사람이라는 김율도 시인의 생각이 반영된 구절이다.

 시를 아트Art로 보는 견해와 노래로 보는 견해가 있다. 현대시는 작가의 인식과 감정을 드러낸 이미지와 인식이 형식미를 갖춘 인간의 아트Art로 정의된다. 그러나 과거에는 인간의 심혼에 있는 신적인 정서가 인간의 입술을 빌려 나온 노래라는 생각이 강했다. 후자의 입장일 때 시인의 길은 무巫의 힘에 들린 샤먼처럼 "뱃속에서 정해진 길이다"라는 운명을 걷는다. 시「미리 쓴 당선소감」은 김율도 시인의 시관을 보여주는 작품이라 생각된다.

천명天命

 죽는 일이 슬프다면 사는 일은 더

슬프다
신문에 작게 난 장애인 실직자가
낙엽되어 떨어진 것이 더 이상
충격을 주진 않았다

햇불 시위와 그 옛날 임금
거대한 왕릉 속에 묻혀있을
그 임금과의 관계를 나는 잘 몰랐다

피
우리 몸 속에서도 흐르고 상처가 나면 몸 밖에서도 잘도 흘러가는 강물같은 피는 거대한 힘을 가졌다
　내가 사랑하고 미워하는 것들을 다 적시고도 남을 것 같다
　반도, 전쟁, 배신, 욕망, 암투, 질투, 결투
　그래도 적실 수 있는 것이 있기에 사는 것이 습기찬다.

　사는 일이 괜찮다면 사랑하는 일은 더
괜찮다
세상은 이별하지 않아도 될 만한 것이 많고
아직 발견되지 못한 진리도 많았다

　나는 신문 만화를 보고 웃지 않았다
　어디서 예수의 오른뺨과 왼뺨을 치는 소리 들리고

자욱하게 성이 안쪽으로 무너지는 소리 들린다
머리가 어지러워요 당신도 어지러워요
눈에 보이지 않는 작은 것에 의해 세상은
멸망할 지 몰라요

모르면서 살고 죽는 세상
내가 암살될 날이 언제인지 모르기에 행복했다

(시 「물결이 움직여 우리 시간의 해안으로 온다」 전문)

 다른 좋은 시편들도 있지만 이번 시집에서는 이 작품이 가장 마음에 와 닿았다. 제목인 '물결이 움직여 우리 시간의 해안으로 온다'는 표현이 한 인생을 지천명에 이르도록 살게 한 인생의 신산辛酸과 페이소스가 강물의 흐름처럼 유장悠長하게 다가왔기 때문이다. 많은 사람들이 인간의 삶에 대해 정의하고 표현했지만 아직도 삶은 불가사의한 현상이다. 생명의 큰 고리에 묶여 살면서도 인간은 왜 자신이 이 세상에 삶이 던져졌는지 모른다. 다만 삶의 도도한 흐름에 얹혀 흘러갈 뿐.

 보르헤스는 그의 시「시학」에서 '물과 시간으로 이루어진 강을 보고 / 시간이란 또 다른 강임을 기억하라 / 우리들은 강처럼 사라지고 / 우리 얼굴은 물처럼 흘러감을 알라'라고 노래했다. 이 시「물결이 움직여 우리 시간의 해안으로 온다」에서도 보르헤스의 큰 사유의 단면이 보인다. '피 / 우리 몸 속에서도 흐르고 상처가 나면 몸 밖에서도 잘도 흘러가는 강물 같은 피는 거대한 힘을 가졌다'라는 표현이 그렇다. 인생의 억울함과 소외를 승화하면 인생에 대한 달관이 생긴다. 김율도 시인이 이 시에서 '사는 일이 괜찮다면 사랑하는 일은 더 / 괜찮다 / 세상은 아직 이별하지 않아도 될 만한 것이 많았고 / 아직 발견되지 못한 진리도 많았다'라고 말하기에 그가 아직도 인생에 대한 희망과 호기심을 놓지 않고 있다는 증거를 발견했기 때문이다.

'인생의 무늬란 다채로운 퀼트quilt일수록 좋다'는 서양의 속담도 있고 무한 억겁의 무상無常한 세계의 변화에서 인간의 몸으로 태어남은 아주 귀한 인연의 숙업이라는 불가의 생각이 있다. 시인이 과거만큼 대접받지 못하고 한국 시인 이만명의 인플레이션시대라는 비판도 있지만 시적 사유는 여전히 귀한 사유이다. 뇌 과학자의 견해로는 언어자체가 경이로운 뇌신경의 산물이며 은유와 상징을 통한 시의 비약으로 세계를 바라보는 일은 수학적 사유와 더불어 인간의 가장 뛰어난 능력으로 간주한다.

  김율도 시인의 장애가 이런 시적 도약으로 이루었는지 혹은 시인으로 타고난 운명이었는지 그 실제 여부와 상관없이 독자는 이 시집의 시들을 통해 김 시인의 내면과 세상에 대한 희로애락의 파도를 경험한다. 김 시인의 시적 생애를 들여다보고 해설을 통해 조명하는 이런 작업이 시인과 독자 모두에게 이 시집의 시들을 좀 더 깊이 들여다보게 하는 망원望遠과 현미顯微의 역할이 되었기를 바란다.

다락방으로 떠난 소풍

지 은 이 김율도
펴 낸 이 김홍열
디 자 인 김예나, 윤덕순

초판발행 2013년 10월 10일
펴 낸 곳 율도국
주   소 서울시 도봉구 도봉동 609-32 (3층)
출판등록 2008년 07월 31일
전   화 02) 3297-2027
팩   스 0505-868-6565
홈페이지 http://www.uldo.co.kr
메   일 uldokim@hanmail.net

ISBN 978-89-97372-14-0 03810

이 책 내용의 일부 또는 전부를 상업적으로 이용하려면
저작권자의 동의를 얻어야 합니다.